ファシリテーションのすすめ

人をつなぐ
心をつなぐ

鈴木まり子

公益財団法人モラロジー研究所

はじめに

皆さんはこんな話し合いの体験はありませんか？
「1人の人が話し続けていて、他の人は黙って聞いている」
「大きな声の人のひと言で物事が決まってしまう」
「いつの間にか、話し合いのテーマからずれていく」
「長い時間話し合ったのに、結局何も決まらなかった」
「会議が終わってから、決まったことに不平不満が出る」
せっかく地域の課題解決をめざしての会議なのに、せっかく深い学びの場をめざしているのに、せっかく団体同士が協働しようとしているのに……、なぜか話し合いがうまくいかない。
心当たりはありましたか？
もし心当たりがあったとしても、
「どうせ会議とはそんなもの」
「我慢していれば終わる」
と、あきらめていませんか？
そのような話し合いの場を、「参加してよかった」「有意義な場だった」と言われる場に変えることができるファシリテーション。
誰もが不安に心を煩《わずら》わせることなく、「自分は自分らしくいていいんだ」「無理をしなくていいんだ」と安心感をもって参加できる場をつくるファシリテーション。
それは、特別な手法ではありません。誰もが学び、実践すればきっと有意義な話し合いに変化していきます。そして、皆さんが話し合いに参加することが楽しみになります。話し合いがよいものになれば、職場が、家庭が、地域が、社会がよりよいものになっていくと信じています。
　本書は、多様な場でファシリテーションを実践してきた中から、「これならできそう」と思っていただける内容をお伝えしていますので、「この話し合いをなんとかしたい」という思いで、さまざまな場で努力されている皆さんのお役に立てれば幸いです。

鈴木まり子

—— 目　次 ——

装 丁　株式会社エヌ・ワイ・ピー

第1章
ファシリテーションとは

ファシリテーションとは、話し合いなど参加型の場を進行するための心づかいと手法のことです。

ファシリテーションは「促進する（促《うなが》す）」「ことを容易にする（やりやすくする）」という意味の動詞（facilitate）の名詞形です。

会議や話し合いなど参加型の場においては、主役は「参加者」です。この主役である「参加者」が、話し合いや会議において「何かをする」ことを促進したり、やりやすくしたりするための心づかいと手法です。

参加者からアイデアが出るように促したり、アイデアを出しやすくしたり、参加者が自《みずか》らまとめられるように促したり、まとめやすくすることで、話し合いの流れや結果がよりよいものになるように支援・促進していきます。また、学校などの学びの場では、参加者の理解を促進したり、理解をしやすくしたりします。

そして、その役割を担《にな》う人をファシリテーターと呼びます。ファシリテーターは意見を言わずに、あくまで参加者が考え、決断し、学ぶことを支援していきます。

ファシリテーターは、助産師にたとえられます。産むのはお母さん、生まれるのは赤ちゃん。助産師さんは安心・安全な場をつくり、お母さんが安心してお産をするのを助けます。

話し合いの場では、参加者が安心して自ら「意見」や「思い」を生むのを寄り添いながら支援するのがファシリテーターです。

いつでもどこでもファシリテーション

「私には活用するチャンスがないかもしれない」と思わないでください。ファシリテーションは、皆さんの想像以上に多様な場面で活用できます。

①教育とファシリテーション

現在は、小学校から大学まで、アクティブ・ラーニングが推奨され、話し合い学習は当たり前になってきました。また、社会教育や生涯学習講座も一方的な講義ではなく、講師と受講生、受講生と受講生同士という双方向のコミュニケーションが生まれる参加型講座が主流となっていくでしょう。

教員や講師の皆さん、ファシリテーションの出番です。

②ボランティアとファシリテーション

ボランティア活動では、価値観や経験、立場が違う仲間が集《つど》い、ひとつの目的のために活動をしています。地域社会をよりよくするなど、すばらしい目的のために活動をしているのに、話し合いでは意見がぶつかり、お互いを批判し、有意義でない会議も多々見られます。

ボランティア活動をしている皆さん、ファシリテーションの出番です。

③行政とファシリテーション

自治体の庁内会議などでは、縦割りの雰囲気から抜け切れず、活発な発言がなく、報告会のような会議が見受けられます。また、市民協働が進み、市民向けのワークショップや円卓会議など、市民の話し合いを促進しなければいけない場面も増えました。

自治体の皆さん、ファシリテーションの出番です。

④災害支援とファシリテーション

今の日本では、有事ではないかと思うぐらいに災害が続いています。災害が起きると、災害対策本部会議や避難所運営の話し合い、支援団体同士の情報共有会議、災害ボランティアセンターでの振り返り、被災した方同士の話し合い、復興への話し合いと、話し合いが目白押しです。

災害復興にかかわっている皆さん、ファシリテーションの出番です。

⑤医療・介護とファシリテーション

医療や介護の分野では、正解がないといわれています。「ご家族で話し合って決めてください」と家族に委《ゆだ》ねられることも多くなりました。病院内でもカンファレンスや事例検討、勉強会など、話し合いの場は多岐にわたります。

医療・介護分野の皆さん、ファシリテーションの出番です。

⑥地域社会とファシリテーション

地域社会では、高齢者の支援や子育て、防災、要配慮者対応など、取り組まなければいけない課題が山積《さんせき》しています。地域の住民が知恵を出し合い、手を取り合って課題を解決していくために、話し合いは欠かせません。

地域のリーダーの皆さん、ファシリテーションの出番です。

⑦仕事とファシリテーション

職場では、朝礼や営業会議、管理職会議、月例会議、プロジェクトミーティング、打ち合わせ、外へ出れば顧客先や営業先との打ち合わせなど、仕事の多くの部分を話し合いが占めています。

働く皆さん、ファシリテーションの出番です。

ここにご紹介した分野は、ほんのひとにぎりです。環境分野や更生保護、芸術、スポーツ、政治など、ファシリテーションの活用の場は、果てしなく広がっています。

第２章
ファシリテーションの効果

私たちで決める

　ファシリテーションの効果といえば、「参加者の当事者意識が高まること」が一番にあげられます。
　私たちは、自分がかかわっていると感じられないとき、その話し合いは他人事になります。
　皆さんの中で「みんなで決めたはずなのに、決まったことを行動に移そうとしない」という体験はありませんか？　もしあれば、本当はみんなで決めていなかったのかもしれません。
「自分たちで決めたことだから、すぐにでもやりたくなる」と思える話し合いであれば、参加者の当事者意識は高まり、積極的に行動を起こすはずです。
　私は当事者意識という言葉を聞くと、思い出すことがあります。
　2016年４月に起きた熊本地震のときのことです。私は災害ボランティアとして、熊本の避難所のお手伝いをしていました。その避難所は自治体が中心になって運営をしていましたが、その運営を被災された方々にしていただこうと、話し合いをすることになりました。
　そこで、進行役である避難所の班長さんをお手伝いし、掃除当番などいろいろな役割分担や１日のタイムスケジュールなど、班長さん同士で納得がいくように話し合い、決めていきました。

その後、運営をする中でいろいろな問題が発生しましたが、「このやり方は自分たちで考え、自分たちで決めたのだ」という当事者意識が薄れることなく、避難所が閉鎖されるまで運営は続きました。

話し合うことで、他人事が自分事になっていく効果を実感した体験でした。

変化し合う

次にあげる効果は、「参加者同士が変化すること」です。

立場や価値観が違う参加者同士が話し合いを通して刺激し合い、お互いの考えや行動に変化が起こります。

最初は対立しているように見える参加者同士が深い問いを通して対話を続けることで、どちらの意見でもない第3の解決策が見つかるときなどは、まさにお互いを活《い》かし合いながら、よりよく変化し合う場面に出会うすばらしさを感じます。

第３章
ファシリテーションの心づかい

話し合いの進め方と聞くと、スキルや手法という言葉を思い浮かべると思いますが、まずは、どのような心づかいでその手法を使うのかが重要です。
心づかいが木の根っこのようにファシリテーターの手法を支えていきます。

受けとめる

ファシリテーターは、参加者の発言や態度を受けとめるように心がけます。ときには、怒鳴ったり、反発したりする参加者がいるかもしれませんが、それぞれに事情や思いがあってのことです。
受け入れがたいこともあるかもしれませんが、「○○さんはそう思うのですね」とそのまま受けとめることはできます。

公平に接する

ファシリテーターは、さまざまな参加者に公平に接するように心がけます。参加者の中には、小さなお子さんや社会的に地位の高い人もいるかもしれませんが、どのような参加者も同じく尊重します。

特定の人だけの発言時間を確保したり、板書《ばんしょ》するのも人によって書く・書かないという取捨選択をしたりはしません。

信じる

ファシリテーターは参加者を信じます。参加者は自ら考え、自ら答えを見つけていくことができると信じます。お互いが問い合い、学び合い、共感しながら新たな解決策を見つけていくと信じます。

それは、子どもの成長を信じて見守る親心に似ています。

謙虚である

ファシリテーターは、謙虚であることをめざします。あくまで主役は参加者であると認識し、黒子《くろこ》のように陰になりながら支援していきます。

ファシリテーションが終わった後は、常に自らの進め方を振り返り、気づきを次に活かしていきます。

思いやる

ファシリテーターの心づかいが場の雰囲気をつくります。常に参加者の立場になり、参加者を思いやり、参加者が安心・安全に発言できる場をつくるように心がけます。

特に小さなお子さんや高齢者、障がい者に対しては、一層の配慮が必要です。

コラム①

暮らしとファシリテーション

「今年のお正月はどこへ行こうか？」

家族で話し合う楽しい時間です。でも、よく観察してみると、本当の気持ちが言えなくて我慢している人がいるかもしれません。

ちょっとファシリテーションを意識してみると、全員が納得できる話し合いの場をつくることができます。

また、地域での居場所づくりも広がっています。子どもたちの居場所や高齢者、障がい者などが集うサロンでも、ファシリテーションが対話を促していきます。

ファシリテーションは、私たちの暮らしを優しく楽しい場にします。町内の防災訓練の打ち合わせ、家族の介護をどう役割分担するかの話し合い、ママ友とカフェでイベントの打ち合わせなど、ぜひ身近なところでファシリテーションを意識してみてくださいね。

第４章
ファシリテーションの手法

話し合いを有意義なものにするために、ファシリテーターはさまざまな手法を使って場を進行していきます。

ここでは、話し合いの流れに沿って使える手法をお伝えしていきます。

手順１	始める前にすること	ホワイトボード図①→P.42
手順２	始める	ホワイトボード図②→P.43
手順３	広げる	ホワイトボード図③→P.44
手順４	生みの苦しみ	ホワイトボード図④→P.45
手順５	収まる	ホワイトボード図⑤→P.46
手順６	終わる	

手順１　始める前にすること

1. 目的と目標（ゴール）を決める

私たちは話し合いや学びの場をつくるときに、「どのようにやるか」から考えがちですが、まずは「なんのためにやるのか」という目的を明確にするところから始めます。特に毎週や毎月開催する定例会議などは、この「なんのためにやるのか」「何をめざしてやるのか」が明確でない場合が多いので、しっかり考えましょう。

目標（ゴール）は、主語を参加者にして、参加者の終わったときの状態をイメージして決めます。

例）イベントのテーマを決める話し合い
目的：イベントの名前を決めること
目標（ゴール）：イベントの名前が決まり、メンバーがますますやる気になっている

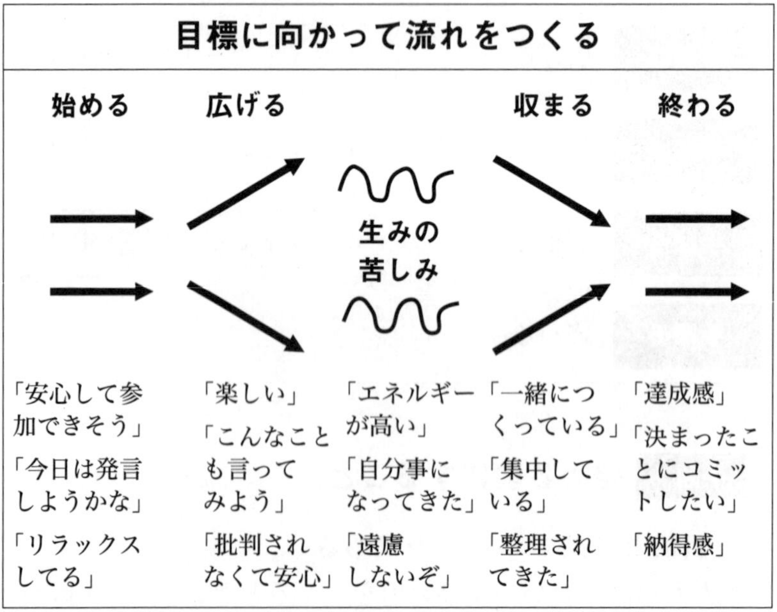
目標に向かって流れをつくる
始める
広げる
収まる
終わる
生みの苦しみ
「安心して参加できそう」
「今日は発言しようかな」
「リラックスしてる」
「楽しい」
「こんなことも言ってみよう」
「批判されなくて安心」
「エネルギーが高い」
「自分事になってきた」
「遠慮しないぞ」
「一緒につくっている」
「集中している」
「整理されてきた」
「達成感」
「決まったことにコミットしたい」
「納得感」

2. 進行表（プログラム）を考える

目標（ゴール）が決まったら、そこに向けての流れを考えます。流れを考えるコツは、参加者が安心して目標に向かって進めるように順番を踏んでいくことです。

流れが決まったら時間配分を考えて進行表（18 ページ参照）をつくります。時間配分のコツは、やることを無理にたくさん詰め込まないことです。

3. 会場を決める

参加人数や進行表（プログラム）をもとに会場を決めます。何時から何時まで使えるのか、飲食はできるのか、備品は何があるのか、直接、壁に模造紙をはることはできるのかなどを事前に確認します。

また、最寄りの駅からのアクセスや、駐車場の有無なども確認します。

4. 案内をつくる

チラシやメールなどで開催を知らせる案内をつくります。ワークショップなどではポスターを作成することもあります。

ここでのポイントは、参加する対象者が「ぜひ参加したい」と思うような内容になっているかです。どんなに本番に向けて用意をしていても、まずは参加してもらえなければ始まりません。

目的と目標（ゴール）を押さえながら、分かりやすく、参加するのが楽しみになるような案内文をつくりましょう。

■議題　「仲間の困りごとを解決しよう」（60分バージョン）

60分間	進行表（プログラム）	
5分間	**①進め方の説明（5分）【出席者に伝える内容】↓** **【目標】仲間の困りごとの解決に貢献できたと思う** **【進行表】**・進め方の説明（5分） ・自己紹介（チェックイン・名前・今の気分）（5分） ・議題提供者から説明と質疑（7分） ・困りごとについてアイデアを話し合う（10分） ・実践できるように具体的にする（28分） ・話し合った感想をひと言（チェックアウト）（5分） **【役割】**ファシリテーター：鈴木、板書係：佐藤、 皆さん：仲間の困りごと解決に貢献したい人 **【参加者の心がけ】**全員が話せるように心がけましょう **【約束】**携帯はマナーモードでお願いします	進め方の説明
5分間	**②チェックイン（5分）** ・「名前」「今の気分」「この会議に期待すること」など、ひと言ずつ。	チェックイン
7分間	**③議題提供者から説明と質疑（7分）**	傾聴・問いかけ・見える化
10分間	**④テーマについてペアでアイデアを出し合う（5分）** ・ここは、自由にアイデアが広がればOK。 **⑤アイデアをみんなで共有する（5分）** ・ペアのどちらかに発表してもらい、板書係が模造紙に書く。	広げる・人数を少なくする
28分間	**⑥出たアイデアをより具体化する（23分）** ・実践するためにより具体化する（質問を意識する）。 ・実践するうえで考えられる障害が出たときは、その克服方法も考える。 ・発言は、板書係が模造紙に書く。 **⑦共有（5分）** ・模造紙を全員で見ながら、今日の目標に当たるポイントを確認。 ・板書係が、線や印をしながらポイントを読みあげてもOK。	収める・傾聴・問いかけ・見える化 確認する・見える化
5分間	**⑧チェックアウト（5分）** ・「話し合っての感想」などをひと言ずつ。	チェックアウト

★時間はあくまでも目安です。参加者の様子を見ながら、タイムキープをしてください。　時間管理

5. 机や椅子の並べ方を考える

会場の机や椅子をどう並べるかを考えます。私たちは、参加者同士の距離が遠くなると「正しい意見を言わなければ」という心理が働き、発言しにくくなるという傾向があります。

反対に、参加者同士が近くなると「話しやすそうだ」という心理が働き、本音が出やすい傾向があります。

ただし、初対面の参加者同士か、親しい関係かどうかで居心地がいい距離感は変化します。ですから、話し合いの流れや目的に応じて並べ方を変えることも事前に考えておきます。

いろいろな並べ方の特徴を理解して、参加者が「発言しやすい」と感じてもらえるような並べ方を考えましょう。

◎教室型

教室型は「これから学ぶぞ」という雰囲気をつくることができます。やる気のある参加者は前方に、そうでない参加者は後方に座ることができるので、スタートで使うと、参加者には安心できる座り方かもしれません。

◎ロの字型

ロの字型は皆さん慣れ親しんでいる型かもしれません。ただし、上座《かみざ》・下座《しもざ》になりやすく、横並びの人とは話し合いにくいという特徴もあります。また、向かい合わせが「私たち」と「あなたたち」という相対する雰囲気をつくる可能性もあります。

◎多角形型

多角形型は、ロの字型をちょっと引っ張るだけでできあがります。全員の顔が見えて、上座・下座もなくなります。ただし、参加者同士の距離が遠くなったように感じることもあります。

◎扇型

扇型は中心に向かって椅子を並べます。中心に向かって集中できるので、会議の始めの進め方の説明や、グループで話し合ったことを共有するときに適しています。

◎島型

島型は、グループで話し合うときによく使われます。同じグループの参加者との連帯感は高まりますが、他のグループへの関心は薄くなり、全体での一体感は薄まるときもあります。島型を使う場合は、全体での共有の仕方などに工夫が求められます。

◎サークル型（輪）

サークル型は、上座・下座がなく、どこからも均等な距離で全員の顔が見えます。スタート時に使うと、緊張する人もいます。目的に応じて輪を構成する人数を変えると、参加者同士の距離も変化し、大きく雰囲気は変わります。

◎トライアングル型

トライアングル型は、ロの字型より参加者同士が近づき、上座・下座もありません。

◎Ｔの字型

Ｔの字型は、ロの字型より小さくなり、参加者同士が近づくことができます。机の面積は確保できますが、横並びの人とは話しにくいこともあります。

◎えんたくん

「えんたくん」は、段ボールを丸く切った対話促進ツールです。参加者は丸く切った段ボールを膝《ひざ》に乗せて対話をします。段ボールの上には、同じ形のクラフト用紙が乗っているので、その紙にいたずら書きのように各々が書いていくことができます。自然と参加者同士が近づき、楽しい雰囲気が生まれます。

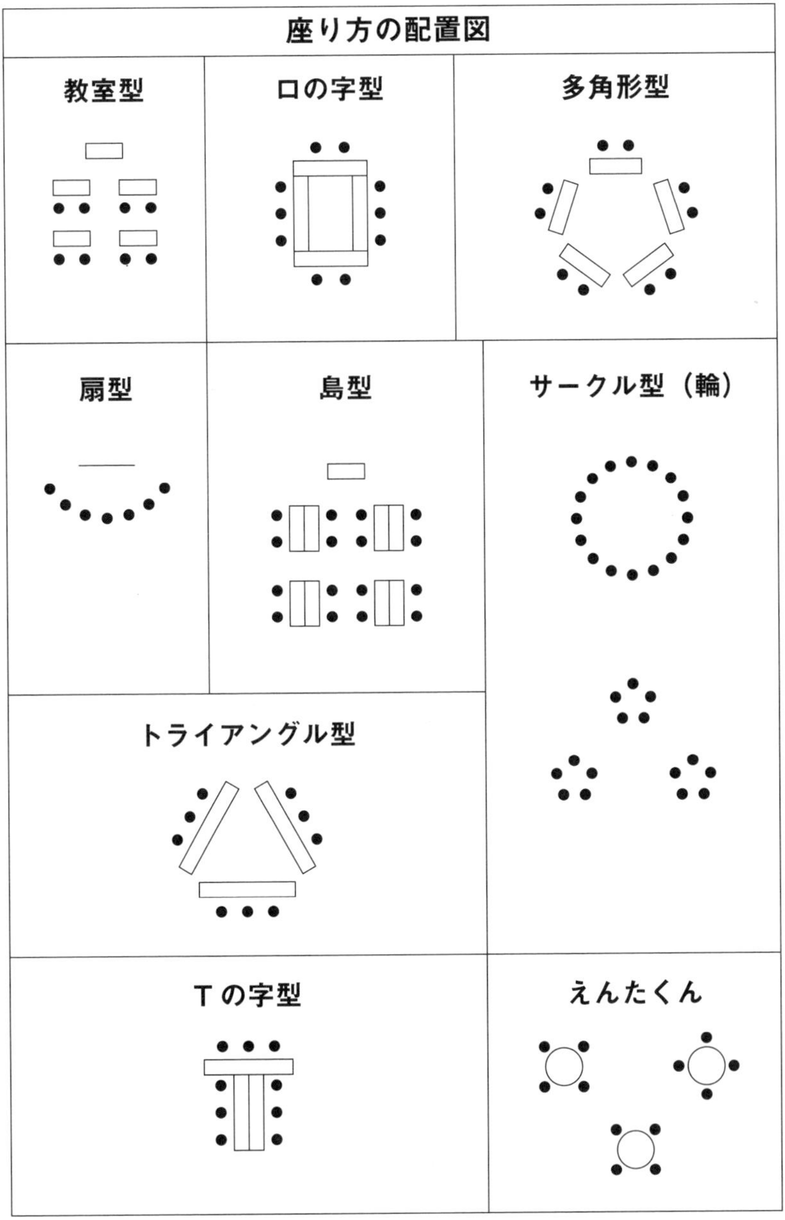
座り方の配置図
教室型
ロの字型
多角形型
扇型
島型
サークル型（輪）
トライアングル型
Tの字型
えんたくん

6. 備品を用意する

進行表に沿って、名札や水性マーカーなどの筆記用具、付《ふ》箋《せん》、模造紙、A4・A3用紙などの紙類、マグネット、ホワイトボード、ホワイトボードマーカー、養生《ようじょう》テープ、メンディングテープ（もしくはセロハンテープ）、バインダーなど、話し合いに使う道具を用意します。他にもお茶やお菓子、雰囲気づくりの音楽や飾りつけ、配布資料なども必要に応じて追加します。

ここまで用意ができたら、いよいよ本番スタートです。

手順2 始める

1. まずはファシリテーターが自己紹介

知り合いであれば省略してもいいのですが、はじめて参加する人がいたら、自分が何者なのかを伝えることで、参加者は安心することができます。

2. 主催者の挨拶

型どおりの挨拶ではなく、この話し合いを主催することになった経緯や、思いを伝えてもらうように依頼しておきます。

主催者ならではの思いは、参加者の胸に響きます。

3. 進め方の説明

話し合いや参加型講座などが「今からどこに向かっていくのか」という方向性を参加者と共有することで安心な場が生まれます。伝えることは次の5つです。

①目標（ゴール）

参加者が終わったときの成果イメージ。ハードルを高くしないで、その時間内で達成できそうなものに設定しましょう。

②進行表（プログラム）

式次第。時間配分に自由度が必要なときは大まかに、参加者同士で時間管理をしていきたいときは細かく時間を伝えます。

③参加者それぞれの役割

ここではファシリテーターや板書係だけではなく、参加者の役割も明確に伝えます。地域の会合などは、「出席することが役割だ」と思っている人も多いようです。であれば、発言しないのも納得がいきます。そこで、話し合いが始まるにあたって、参加者には「発言することが役割だ」と伝えることが重要となります。

④参加者の心がけ

目標（ゴール）を達成するために、参加者に心がけてほしいことを伝えます。今日は話し好きな人が多そうだと思ったら「話すときは手短に」、今日はおとなしそうな人が多そうだと思ったら「迷ったら勇気を出して発言しよう」というように、参加者をイメージして、心がけをお願いしましょう。

⑤約束

「携帯はマナーモードで」「カメラで撮影はしないで」など、必要なルールを伝えます。

以上の進め方をあらかじめ模造紙に書いておいて張ったり、ホワイトボードに書いたりして、最後まで参加者に見せ続けることができるようにしましょう。

4. 安心な雰囲気づくりをする

ファシリテーションでは、緊張した雰囲気を溶《と》かし、話しやすい雰囲気づくりを心がけることを「アイスブレイク」と呼びます。

初参加の人が1人だけの場合でも、その人だけが自己紹介をするのではなく、簡単でいいので全員が自己紹介するようにします。目的に合わせていろいろなアイスブレイクを覚えておきましょう。ただし、「今からアイスブレイクをしましょう」と言うと、その言葉を知らない参加者は、かえって不安になる可能性があるので「はじめての方もいますので知り合う時間です」など分かりやすい言葉に変えて伝えましょう。

5. チェックイン

いつものメンバーで話し合うときにお勧めなのは「チェックイン」です。これは、ホテルに客がチェックインするように、全員が何かひと言話すことをいいます。これなら同じメンバーでも大丈夫です。

私たちは会議のスタート時は椅子に座ってはいますが、心ここにあらずということも多々あります。そこで、まずはチェックインからスタートすることで「よし、始めるぞ！」という気持ちが共有できます。

話す内容は、近況や今日期待していること、最近うれしかったことなど、参加者と目的に合ったお題を用意しましょう。人によっては話が長くなることもあるので、時間管理には気をつけます。また、参加者が多い場合は、グループをいくつかに分けて行います。

6. やり方を説明する

意見やアイデアは参加者のものですが、進め方はファシリテーターが積極的にかかわっていきます。そこで、参加者への進め方の説明が分かりにくいと参加者のやる気は下がります。

説明のポイントは、「なぜやるのか」「何をやるのか」「どのようにやるのか」を分かりやすく説明することです。「今日ははじめての方がいらっしゃるので、自己紹介をします」「サークル型になって、お名前と趣味を話してください」という感じです。そして、必ず説明に対しての質問を受けるようにしましょう。

以上の「始める」の部分は、時間が少ないときなどは、ショートカットしたくなります。しかし、ここで安心・安全な場ができないと、参加者は次の「広げる」の時間になっても、発言したい気分にはなってくれません。
「始める」時間は丁寧に、が基本です。

手順 3 広げる

1. 人数を少なくする

できるだけたくさんのアイデアや意見を出してもらうために、参加者をできるだけ少人数のグループに分けます。7、8人になると発言しない人も出てきます。

短い時間であれば、2人1組にすると必ず話すことになるので効果的です。また、発言してもらう前に、少しでも1人の時間をとって考えてもらうという方法もあります。

2. 問いかけを工夫する

広げるための質問は、答えやすい、想像しやすいものにします。たとえば、体験からの問いかけは発言がしやすくなります。「課題を出してください」というより、「困った体験を話してください」というほうが、話しやすいのです。

出てきた発言の中から、課題になるものを抽出すればいいのです。

3. ルールを設定する

発言を妨《さまた》げるものがあれば、ルールを設定して参加者に示します。「批判をしないようにしましょう」「発言しても、それをやらなくてもいい」などです。

また、「全員で 20 個は出しましょう」などと目標を示すことも効果的です。

4. 見える化する

出たアイデアや意見を、付箋《ふせん》やホワイトボード、模造紙などに書き残します。参加者はそれを見て、「それがあるならこれも」と想像を膨《ふく》らませて、またさらに広げることができます。

5. 十分に広げる

まだアイデアが出し切れてなくて中途半端な感じの場合、後の流れの中でまた広がり始めることがあります。

参加者が十分に出し切ったかどうか、ファシリテーターはしっかりと確認しましょう。

6. 広げることを恐れない

ファシリテーターが「意見が出すぎるとまとめられない」と思って広げることを恐れると、参加者は発言しにくい雰囲気になります。「どんどん出してください」とファシリテーターが広がることを楽しむ気持ちが大事です。

7.「なんでもどうぞ」ではない

広げるといっても、ファシリテーターの「問いかけ」について広げるという意識を持ちましょう。「なんでもどうぞ」と言えば、参加者はなんでも話してしまいます。「問いかけについて、なんでも話していい」のです。そこを混同しないようにしましょう。

手順4 生みの苦しみ

出たアイデアや意見をもとに、参加者で議論をしていく創造的な場面です。ここでしっかりと議論ができれば、次の「収まる」の段階で自然とまとまっていきます。

1. 傾聴する

ファシリテーターは、参加者の声をよく聴きましょう。発言している言葉だけではなく、話す声の大きさやトーン、体の姿勢や手ぶりなど、体全体で聴きましょう。

ファシリテーター自身の価値観が参加者の意見を邪魔《じゃま》をしそうなときは、その考えを打ち消すのではなく、いったん横に置いておくイメージを持ちましょう。

2. 質問をする

より議論が活発になるように、参加者の意見に対して、具体化する質問や、かみ合わない意見を明確化する質問をしていきます。「はい」「いいえ」で答えられる閉じた質問や、自由に答えられる開いた質問を組み合わせて促進していきます。

ただし、参加者同士が目標に向かって質問をし合っているときは、ファシリテーターはできるだけ静観しています。

3. 混沌《こんとん》をこわがらない

参加者の当事者意識が高まると、エネルギーも高くなり、声も大きくなりがちです。

場合によっては、ファシリテーターが「皆さん、落ち着いてください」などと、せっかく燃えた火を消しかねません。

参加者がやる気になっていることを喜び、参加者を信じましょう。

4. 待つ

混沌の中で、沈黙が生まれることもあります。参加者が深く考えていたり、何か気づきが生まれそうなときもあります。

ファシリテーターは、沈黙をなんとかしようとせず、その沈黙が重要と判断したときは、参加者を信じて待ちましょう。

5. 介入する

議論が白熱してくると、相手の人格否定をしたり、目的を見失って議論しているテーマとは外《はず》れた意見が出ることがあります。そのようなときファシリテーターは議論の途中でも介入し、軌道修正をします。
そのためにもファシリテーターは参加者の声をよく聴き、参加者のふるまいをよく観察していましょう。

手順5 収まる

ここからがまとまっていく段階です。しっかりと混沌の時間があれば自然にまとまっていきますが、少しファシリテーターが促進していきます。

1. 型を示す

求める結論に当てはまるような型を示すことも有効です。イベントのテーマであれば「○○な△△」で15文字程度など、少し型を示すことで言葉が絞《しぼ》られていきます。

2. アンケートを取る

意見が拡散してなかなか収束しないときには、アンケートというやり方で数を絞ります。
「ぜひやってみたいもの」「実現可能だと思うもの」などの判断基準を示し、全員に投票してもらいます。ただし、あくまで絞り込むための手法です。最終結論には使わず、絞り込まれたいくつかの意見についてしっかりと議論をするように心がけます。

3. 質問をする

まとまる段階に必要な質問をしていきます。「この意見とこの意見の共通点はありますか」「この２つの意見は、実行したときにどんな効果があると思いますか」などと質問しながら、全員が納得できる結論を探していきます。

4. 見える化する

広げるときと同じように、ホワイトボードや模造紙に積極的に書いていきます。ここでは決まったことを書くのではなく、決めるために書くのです。

特に、結論を求められているものに明文化が必要な場合は、発言をどんどんと見える化していくことで、収束していきます。

5. 確認をする

「決まった結論に納得しているか」「実行できる内容か」「今日の目的に沿っているか」を確認していきます。そこが曖昧《あいまい》であれば、確認できるまで話し合いを続けます。

ここでは、より参加者全員のエネルギーに意識を向けます。話し合いの中で「それいいね」と参加者全員のエネルギーが上がったと感じたら、すかさずその意見を繰り返して合意を確認します。反対に、結論が出ても納得していない空気が流れていたら、議論を再開します。

手順6 終わる

1. 確認する

再度、決まったことや決まらなかったことを、板書を見ながら確認します。「決まったことを誰がやるのか」「いつまでにやるのか」「どのように確認するのか」を明確にして板書します。「決まらなかったことは、どうするのか」ということも確認して板書します。

2. チェックアウト

話し合った感想を、全員にひと言ずつ話してもらいます。決まったことへのやる気のある決意や、実はまだ腑《ふ》に落ちていないなどの本音も飛び出すかもしれません。それでも、廊下に出てから言われるよりましです。全員が今どのような気持ちでいるのかを共有することで、一体感が生まれます。

3. フィードバック

話し合いが終わってから、話し合いの進め方に関して、参加者から感想をもらうこともあります。ファシリテーターの意図《いと》と、参加者の思いのずれが分かったり、次への改善点が見つかったりと有意義な時間になることでしょう。

ここでのポイントは、ファシリテーターにとって耳の痛いフィードバックでも、否定や言い訳をしないで感謝して受けとめることです。

4. 記録を共有する

付箋やホワイトボード、模造紙、「えんたくん」などに書かれたものは、参加者全員が見えるようにして、必要に応じて写真に撮ったり、パソコンで整理したりして、改めて全員で共有するようにしましょう。

5. 時間管理をしよう

話し合いが盛り上がると、つい時間を忘れてしまいます。ファシリテーターは、定刻に始めて予定時間で終わるように、話し合いの始めから終わりまで、常に時間管理を意識しましょう。

ただし、はじめに決めた時間配分にとらわれ過ぎると、大事な流れを止めかねません。どこを大事にして、どこを短くできるか流れを見ていきましょう。

以上、ファシリテーターは、話し合いでは「始める」「広げる」「生みの苦しみ」「収まる」「終わる」という流れを意識して進めていきましょう。

見える化

ファシリテーションの手法で、絶大な効果があると感じるのが「見える化」です。

発言を整理する効果、大切な意見が霧のように消えてしまわない効果、イメージをどんどん膨らませる効果、論点がずれていかない効果、参加者が受けとめてもらったと感じる効果など、あげればきりがありません。

次に、改めて見える化のポイントをお伝えします。

①原則は、発言をそのまま、愚直《ぐちょく》に書く。
②できるだけ勝手に要約したり、言葉を書き換えたりしない。
③長く続く発言は「つまり？」「一番伝えたいことは？」など

と質問し、参加者自身に短くしてもらう。

④３人の打ち合わせと20人の会議では、自《おの》ずと字の大きさも変わるので、その話し合いの参加者に見える大きさで書く。

⑤きれいに書こうとせず、読めれば大丈夫なので、画数が多い漢字やつづりが分からないときはカタカナで書く。

⑥長い会議だと、ホワイトボードがいっぱいになってしまうので、ホワイトボードに模造紙を複数重ねてはる。いっぱいになったら剥《は》がしながら書く。

⑦紙に書く場合は太いマーカーで書き、発言は見えやすい濃い色で。オレンジや赤は、アンダーラインや強調したいところに使う。

⑧進行表（プログラム）や用意した問いをイメージして、どこにどのように書くか、書く場所をイメージする。

⑨「広げる」ところで表など枠をあてはめてしまうと拡散できないことがあるので、枠は広げ終わってから使う。

⑩書いた板書はその場で読み上げたり、時間をとって全員で読んだりして、しっかり促進の手法として活用する。

コラム②

私の体験談

家族が納得できた父の介護生活

私の父は 57 歳で倒れて半身まひになり、家族の介護生活が始まりました。そして、80 歳で亡くなるまで、家族はいろいろな選択を迫られ、何度となく話し合いの場を持ちました。それは、家族だけのときもあれば、医療、介護の担当の皆さんとの話し合いもありました。

特に、父の意識がなくなってからの介護方針の選択はすべて家族に託され、ときには家族の意見が分かれることもあり、苦しい話し合いになるときもありました。

そんなとき、ファシリテーションが助けになったのです。家族みんなでお互いの気持ちを尊重しながら、それぞれが「納得して」決めることができるように心がけました。

今ではファシリテーションが、家族の時間を優しくしてくれたと思っています。

第５章
ファシリテーターとして向上するためには

しっかりと準備すること

ついつい、出たとこ勝負で進めてしまいますが、準備８割、本番２割ぐらいに思っていたほうがうまくいくと思います。

本番では想定どおりにはいきませんが、それでも準備はしっかりとしましょう。

場数を踏むこと

スポーツでも趣味の習いごとでも、うまくなるコツは練習です。ファシリテーションも同じです。小さな打ち合わせやサークルでの話し合いなど、周りを見わたすと練習の場はたくさんありそうです。周りに「私がファシリテーションします」と宣言しなくても、その場に意識を持って参加するだけでも自分自身の変化に気づくはずです。どんどんチャレンジしましょう。

振り返ること

ファシリテーションの後には、自分で必ず進め方を振り返りましょう。ポイントは、反省会にしないことです。進め方を振り返り、「よかったこと」「次も続けたいこと」「うまくいかなかったこと」「課題だと思ったこと」「次回はチャレンジしたいこと」などを整理して、次の場で活かすことがファシリテーション向上への一歩になります。

まずはよい参加者になる

ファシリテーションを学ぶ人から「自分が進行役になるチャンスがありません。学んだことをどう活かしたらいいですか？」と質問されることがあります。

そこでおすすめなのは、まずは自分がよい参加者になることです。話し合いの主役は「参加者」ですから、よい参加者が増えれば自然に有意義な話し合いの場になっていきます。

1. 時間に遅れない

会議の始まりに参加者が遅刻すると、進行役もスタートしていいのか迷います。会場には少し早めに着くように心がけましょう。そして、何か準備でお手伝いできることがあれば、積極的にお手伝いしましょう。

2. 目的や役割を質問する

会議が始まっても、その日の目的や自分の役割が理解できないときがあります。そのようなときは、進行役に優しい口調で質問しましょう。

3. 勇気を持って発言する

話し合いは発言する人がいないと進みません。思っていることは、勇気を持って発言しましょう。発言するときは「進行役や参加者に分かりやすいように端的に」を心がけましょう。

4. 参加者の発言を受けとめる

参加者の発言は、うなずいたり、相づちをうったりしながら傾聴しましょう。発言の途中で口をはさんだりせずに、最後まで聴きましょう。

5. 参加者に質問をする

参加者の発言に対して、より話し合いの目的に近づけるための質問をしましょう。今が何の時間かを意識して、広げるための質問や収めるための質問をしてみましょう。

6. 周りに目配りをする

参加者に発言していない人はいないか、話し合いについてきていない人がいないか、困っている人はいないか、観察してみましょう。必要に応じて参加者に声をかけたり、進行役に進行方法を提案したりしましょう。

7. 最後に確認をする

会議の最後に「決まったこと」や「決まらなかったこと」が明確でなかったときは、質問というかたちで確認しましょう。

会議を有意義にするのは、主役の参加者次第です。いい参加者としてふるまえる人が増えれば、ファシリテーターは不要になるかもしれません。

おわりに

「まり子さんがはじめに出会ったファシリテーターは誰ですか？」と尋ねられたら、私は迷わず「父です」と答えます。

父は、私が小さいときからボランティア活動に熱心でした。まだ市民が話し合うような施設が充実していない時代、ボランティア仲間との話し合いの会場はわが家でした。

夜になると、わが家にボランティアの大学生や障がい者などさまざまな人が集まり、車座になって話し合いを始めます。

私は大学生の膝に乗って、その話し合いの輪の中にいました。そして、その話し合いを進行しているのが父だったと記憶しています。これが「物事を決めるためには、人は話し合いをするのだ」という私の原体験です。

それから50年以上が過ぎましたが、「なんとかしたい話し合いの場」は、まだまだたくさんありそうです。しかし、多くの仲間たちがファシリテーションとともに、ボランティア活動の場で、市民活動の場で、よりよい話し合いの場を展開しているのも事実です。

2011年3月11日の東日本大震災では、私はNPOの災害復興支援室のメンバーとして話し合いのお手伝いに入りました。被災地では、避難所の運営のルールづくりや仮設住宅のコミュニティづくり、支援団体同士の情報交換や連携、復興計画づくりなど、住民同士や多様な団体同士の話し合いの機会がたくさんあります。お互いを尊重しながらも本音で話し合い、最後に納得した答えが見つかったとき、どれだけに人が笑顔になれるでしょう。

1人でも多くの人が、ファシリテーションの心づかいと手法を活かして、身の回りのさまざまな課題を解決していく、よりよい社会が実現することを願っています。

ぜひ皆さんに覚えておいていただきたいことは、自分自身のあり方やふるまいが、その場をつくっているということです。口では「皆さん、リラックスしてくださいね」と伝えても、ファシリテーター自身がコチコチに緊張していれば、場の空気は緊張に包まれてしまいます。

まずは、自分自身が素直に自然体でその場にいられるように、ご一緒に心の修業を積んでいきましょう。

平成30年10月31日

鈴木まり子ファシリテーター事務所
代表　鈴木まり子

① 始める前に

ホワイトボードに進め方やテーマ、出席者等を書いておく

仲間の困りごとを解決しよう

2018年10月20日（土）
13：00〜14：00

〈目的〉仲間の困りごとの解決策を見つける
〈目標：ゴール〉仲間の困りごとの解決に貢献できたと思う

13：00〜13：05　進め方の説明
13：05〜13：10　チェックイン
13：10〜13：17　議題説明と質疑
13：17〜13：27　アイデアを出す
13：27〜13：55　アイデアをしぼり、具体化する
13：55〜14：00　チェックアウト

ファシリテーター：鈴木
板書係：佐藤
皆さん：仲間の困りごとに貢献したい人

★全員が話せるように心がけましょう

〈出席者〉
鈴木
伊藤
宮本（10分遅刻予定）
川原
玉木
宮田
井上
佐藤

❷へ

② 始める

議題提供者の情報を書いていく

仲間の困りごとを解決しよう

2018年10月20日（土）
13：00～14：00

〈目的〉仲間の困りごとの解決策を見つける
〈目標：ゴール〉仲間の困りごとの解決に貢献できたと思う

13：00～13：05　進め方の説明
13：05～13：10　チェックイン
13：10～13：17　議題説明と質疑
13：17～13：27　アイデアを出す
13：27～13：55　アイデアをしぼり、具体化する
13：55～14：00　チェックアウト

ファシリテーター：鈴木
板書係：佐藤
皆さん：仲間の困りごとに貢献したい人

★全員が話せるように心がけましょう

議題〈困りごと〉　川原さんから
■イベントに参加してくれる人が少ない
↓
今回のイベント目標：25人
今日現在：12人　残り10日！

●今、現在やったこと
①チラシ配布100枚
②ＳＮＳへの発信
③今までの参加者へチラシ郵送
④･･････････　⑤･･････････

〈出席者〉
鈴木
伊藤
宮本（10分遅刻予定）
川原
玉木
宮田
井上
佐藤

③へ

③ 広げる

出たアイデアを
どんどん書いていく

※〈アイデア出し〉のスペースは後で議論した内容やアイデアの追加が書き足せるよう、行に余裕をもたせておきましょう

仲間の困りごとを解決しよう

2018年10月20日（土）
13：00〜14：00

〈目的〉仲間の困りごとの解決策を見つける
〈目標：ゴール〉仲間の困りごとの解決に貢献できたと思う

13：00〜13：05　進め方の説明
13：05〜13：10　チェックイン
13：10〜13：17　議題説明と質疑
13：17〜13：27　アイデアを出す
13：27〜13：55　アイデアをしぼり、具体化する
13：55〜14：00　チェックアウト

ファシリテーター：鈴木
板書係：佐藤
皆さん：仲間の困りごとに貢献したい人

★全員が話せるように心がけましょう

議題〈困りごと〉　川原さんから
■イベントに参加してくれる人が少ない
↓
今回のイベント目標：25人
今日現在：12人　残り10日！

●今、現在やったこと
①チラシ配布100枚
②ＳＮＳへの発信
③今までの参加者へチラシ郵送
④‥‥‥‥‥　⑤‥‥‥‥‥

〈アイデア出し〉
①ＯＢＯＧにも頼む
②会員のＭＬに流す
③メディアを活用する
④もう一度、リストアップする
⑤‥‥‥　⑥‥‥‥　⑦‥‥‥

〈出席者〉
鈴木
伊藤
宮本（10分遅刻予定）
川原
玉木
宮田
井上
佐藤

④へ

④ 生みの苦しみ

アイデアへの議論を
書き出していく

※テーマから少し外れた話題は別枠のスペースをつくり、そこに書いていきます

仲間の困りごとを解決しよう

2018年10月20日（土）
13：00〜14：00

〈目的〉仲間の困りごとの解決策を見つける
〈目標：ゴール〉仲間の困りごとの解決に貢献できたと思う

13：00〜13：05　進め方の説明
13：05〜13：10　チェックイン
13：10〜13：17　議題説明と質疑
13：17〜13：27　アイデアを出す
13：27〜13：55　アイデアをしぼり、具体化する
13：55〜14：00　チェックアウト

ファシリテーター：鈴木

板書係：佐藤

皆さん：仲間の困りごとに
　貢献したい人

★全員が話せるように
　心がけましょう

議題〈困りごと〉　川原さんから
■イベントに参加してくれる人が
　少ない
　　↓
　今回のイベント目標：25人
　今日現在：12人　残り10日！

●今、現在やったこと
①チラシ配布100枚
②ＳＮＳへの発信
③今までの参加者へチラシ郵送
④………　⑤………

〈アイデア出し〉
①ＯＢＯＧにも頼む

②会員のＭＬに流す
　→あまり効果がない？
③メディアを活用する

④もう一度、リストアップする
　←すでにやっている
⑤……　⑥……　⑦……

①誰に頼む？
　花井さんはネットワークをたくさん持っている→効果あるかも　○○さんも

③メディアを活用する
　ＦＭ○○だったら頼めるかも

⑤………　⑥………
⑦………

そもそもイベントの内容に魅力がないのでは？

〈出席者〉
鈴木
伊藤
宮本（10分遅刻予定）
川原
玉木
宮田
井上
佐藤

⑤へ

⑤ 収まる

合意したところが分かるように書いていく
決まったことを確認する

仲間の困りごとを解決しよう

2018年10月20日（土）
13：00～14：00

〈目的〉仲間の困りごとの解決策を見つける
〈目標：ゴール〉仲間の困りごとの解決に貢献できたと思う

13：00～13：05　進め方の説明
13：05～13：10　チェックイン
13：10～13：17　議題説明と質疑
13：17～13：27　アイデアを出す
13：27～13：55　アイデアをしぼり、具体化する
13：55～14：00　チェックアウト

ファシリテーター：鈴木
板書係：佐藤
皆さん：仲間の困りごとに貢献したい人

★全員が話せるように心がけましょう

議題〈困りごと〉　川原さんから
■イベントに参加してくれる人が少ない
↓
今回のイベント目標：25人
今日現在：12人　残り10日！

●今、現在やったこと
①チラシ配布100枚
②ＳＮＳへの発信
③今までの参加者へチラシ郵送
④･････････　⑤･････････

〈アイデア出し〉
①ＯＢＯＧにも頼む
②会員のＭＬに流す
→あまり効果がない？
③メディアを活用する
④もう一度、リストアップする
←すでにやっている
⑤･･････　⑥･･････　⑦･･････

①誰に頼む？
花井さんはネットワークをたくさん持っている→効果あるかも　〇〇さんも
③メディアを活用する
ＦＭ〇〇だったら頼めるかも
⑤･････････　⑥･････････
⑦･････････

決定
●花井さんのネットワークにＰＲをしてもらう
誰が：井上さん
いつまでに：明日中にメールか電話で
●ＦＭ〇〇に依頼してみる
誰が：玉木さん
いつまでに･･････

★結果はＭＬで報告！

そもそもイベントの内容に魅力がないのでは？
↓
次回のミーティングで話し合う

〈出席者〉
鈴木
伊藤
宮本（10分遅刻予定）
川原
玉木
宮田
井上
佐藤

〈参考図書〉

『ファシリテーション――実践から学ぶスキルとこころ』中野民夫・鈴木まり子他著、岩波書店
『学び合う場のつくり方――本当の学びへのファシリテーション』中野民夫著、岩波書店
『えんたくん革命――１枚のダンボールがファシリテーションと対話と世界を変える』川嶋 直・中野民夫著、みくに出版
『マーキーのこんな会議を見た!!――やってみよう、ファシリテーション』青木将幸著、東京ボランティア市民活動センター
『リラックスと集中を一瞬でつくる――アイスブレイク ベスト50』青木将幸著、ほんの森出版
『ファシリテーション入門』堀 公俊著、日本経済新聞出版社

〈参考ホームページ〉

Be-Nature School（ビーネイチャースクール）
水、森、海辺、里山、暮らし、食や身体など、さまざまな視点から自然を見つけ、自然観を育み、日常生活に活かすための自然体験プログラムやワークショップを提供している。「ファシリテーション講座」は、１人ひとりが自然体で自分を活かし、よりよい社会を創造していくための道筋づくりとして実施している。
http://www.be-nature.jp

特定非営利活動法人 日本ファシリテーション協会
ファシリテーションの普及・啓発を目的とした特定非営利活動(NPO）法人。ビギナーからプロフェッショナルまで、ビジネス・まちづくり・教育・環境・医療・福祉など、多彩な分野で活躍するファシリテーターが集まり、多様な人々が協調し合う自律分散型社会の発展を願い、幅広い活動をしている。
http://www.faj.or.jp/

鈴木 まり子（すずき・まりこ）

鈴木まり子ファシリテーター事務所　代表。
特定非営利活動法人 日本ファシリテーション協会 フェロー・災害復興支援グループメンバー。
昭和35(1960)年、静岡県生まれ。法政大学キャリアデザイン学部卒業。人事労務コンサルティング会社を経て独立。企業・行政・学校・NPOなどにおいて、1人ひとりが尊重され、ありのままで存在できる場づくりをめざして会議やワークショップを実践、また、ファシリテーション研修を企画・実施している。法政大学、静岡産業大学兼任講師。著書に『ファシリテーション――実践から学ぶスキルとこころ』（共著、岩波書店）がある。
浜松東モラロジー事務所登録維持員。
E-mail：mariko-taiki@ck.tnc.ne.jp

ファシリテーションのすすめ
――人をつなぐ 心をつなぐ――

平成30年11月10日　初版第1刷発行
令和2年1月22日　第2刷発行

著　者　鈴木 まり子

発　行　公益財団法人 モラロジー研究所
〒277-8654　千葉県柏市光ヶ丘 2-1-1
電話　04-7173-3155（広報出版部）
https://www.moralogy.jp/

印　刷　横山印刷株式会社